Temporada de malas lenguas

TRÁNSITO DE FUEGO
Colección de poesía
Homenaje a Eunice Odio

Homage to Eunice Odio
Poetry Collection
FIRE'S JOURNEY

Manuel Umaña Campos

TEMPORADA
DE MALAS LENGUAS

Nueva York Poetry Press®

Nueva York Poetry Press®

Nueva York Poetry Press LLC.
128 Madison Avenue, Suite 2RN
New York, NY 10016, USA
+1(929)354-7778
nuevayork.poetrypress@gmail.com
www.nuevayorkpoetrypress.com

Turrialba Literaria
Special Edition
www.turrialbaliteraria.org

Temporada de malas lenguas
© 2023 Manuel Umaña Campos

ISBN-13: 978-1-958001-92-9

© Blurb:
William Velásquez Vásquez

© FIRE JOURNEY COLLECTION vol. 8
Homage to Eunice Odio
Central American and Mexican Poetry

© Publisher/Editor-in-Chief
Marisa Russo

© Editorial Team:
Luis Rodríguez Romero
Marisa Russo
William Velásquez Vásquez

© Cover Designer:
William Velásquez Vásquez

© Layout Designer:
Agustina Andrade

© Cover and Interiors Photographer:
Luis Rodríguez Romero

Umaña Campos, Manuel
Temporada de malas lenguas / Manuel Umaña Campos. 1a edi-- New York: Nueva York Poetry Press, 2023, 116pg. 5.25 x 8 inches.

1. Costa Rican Poetry 2. Central American Poetry. 3. Latin American

En recuerdo de mi abuela Vilma,
que estos versos
lleguen hasta donde estés.

Se encuentran dos viejos amigos de la infancia y uno le cuenta al otro su vida, desnudita, sin esconder las vergüenzas ni los remordimientos y el otro tiene algo que decir.

La hoja de aire
JOAQUÍN GUTIÉRREZ

El hábito

de transmitir rumores

No me consta,
pero dicen las malas lenguas
que también las crisálidas
se arrepienten de sus errores como orugas.
De lo apresurado del lugar que eligieron
para vestirse de metamorfosis.

Se culpan si caen presa de mano humana,
pico hambriento o del mal clima.
Se culpan por no buscar
un mejor escondite,
donde escampar el presente.

Las crisálidas también sueñan
con máquinas del tiempo.
A fin de cuentas,
ellas, al igual que nosotros,
saben bien que devolver el tiempo
es más sencillo que conseguir
segundas oportunidades ahí afuera.

I

La mala lengua comienza, sin percatarse,
creando rumores sobre sí misma
o ciertas cuestiones que la involucren.

Los presentes en la sala de cine esperan un final feliz, otros sufren porque las palomitas se terminaron hace rato o porque no creen que su vejiga aguante hasta el final. Mientras el samurái en la pantalla, se descubre el torso en línea recta hacia la daga que espera filosa hundirse en su abdomen para quitarle al enemigo la oportunidad de convertirse en su verdugo, culmina la escena en harakiri. Lo negro ingiere al sitio, música tradicional de la tierra que engendró al sol, se apodera de nuestros oídos y ascienden los créditos del filme.

De camino a casa, me abstraigo en que este pobre hombre no dijo sus últimas palabras. Será parte del protocolo del ritual, pero nadie debería marcharse sin decir algo. Claro, la derrota come lenguas.

Ya en casa, algunos zancudos hambrientos se abalanzan contra mí. Esperaron tanto mi llegada que a duras penas reunieron energía para controlar el rodaje en geometría lenta de su vuelo. Caen uno tras otro. Tienen clara la inminencia de su derrota y aun así, prefieren morir en mis manos. Para los zancudos la necesidad puede más que el honor, o tal vez, no haya mayor honor que morir en un aplauso.

Cuelga en la pared su nariz,
      producto de nuestro apellido.

Los demás rasgos del retrato

                  no importan.

Creció en esta misma casa,

cansó sus pasos

              de derecha a izquierda

      cuando aceptaba el estrés.

Retrocedió mis mismos movimientos cuando

      se le perdía   algo.

Se sentó y cruzó las piernas

      para hablar consigo sobre precios o

      para escuchar el partido del equipo

          que se apoya por herencia.

Ese es tu abuelo,

      comenta madre

con cierto aire de malos términos,

los mismos que padre

      intenta disimular con carcajadas fingidas.

Le debo mi nombre al hombre del retrato,

      le debo   mis manías

          mis rabietas

con la misma falta de sentido

que se le encuentra a

      una cebolla

puesta en la cocina

      para consolarnos.

Sé su historia,
      cómo crece,
desconfía   del calendario,
                 del minutero,
        cómo celebra   goles
        maldice   árbitros.
Esta es mi herencia innegable,
      me corresponde tomarla ya.
Por lo menos,
          eso parece.

Todavía me impresiono,
        pero el gato parece que no.
Anda por ahí con el aburrimiento de adivinar
        cada desenlace.
Me mira y ya sabe
        que voy a hacer,
                cuando tropezaré y quebraré un vaso.
Sabe que con dos maullidos
        le doy de comer
y con uno
        cierro la boca.
Para él, ya se agotaron
        las maneras de crear enigmas.
Mira el televisor con
        la desconfianza de los avaros
y antes de que termine el programa,
        se va.
Ya imagina
        cómo se resuelve todo.
A veces quisiera que me explique
        los giros que toman
las series policiacas
        o los guiones de películas
que se terminan por entender
        una década después.
En realidad,
        lo compadezco.
El pobre no encuentra misterio
        ni en las noches fuera de casa
cuando va al club de pelea de gatos.

Por la mañana,
       vuelve con su caminar seguro.
Cada paso
       lo tiene medido.
Pasea, sin titubear,
       su pecho repleto de altivez.
Durante el desayuno,
       detiene su ruta,
me observa
       con minuciosidad
como si quisiera recalcar que él
       me compadece aún más.
Lo intuyo por la manera en que gira su cabeza.

—Uvieta, que dice Nuestro Señor
que por vida tuyita, dejés apearse a
la Muerte del palo de uva.

CARMEN LYRA

Ignoramos si todo lo provocó Uvieta, sin embargo, una fuerza extraña no deja a nuestro padre bajarse del árbol que está detrás de casa. Él, que no necesitaba el permiso de nadie para subir y bajar, sigue sin tocar la seguridad del suelo. Los primeros días, la noticia se esparció hasta tal punto, que la Iglesia envió a un cura para ver qué podía hacer. Los avemaría no bajaron a nuestro padre. Tampoco para los bomberos fue posible bajarlo.

30 años después, madre le sigue tirando pan para que coma algo y lo reparta con palomas y zanates. Los nietos llegan, le piden al hombre subido en las ramas que les cuente historias. Él cede y les cuenta lo que escucha desde la altura.

Nuestro padre ha estado tanto tiempo ahí subido, que ya no sabe qué haría si las plantas de sus pies recuperaran la calma de las piedras. Por las tardes sin el frenesí de los pájaros, se puede escuchar sus ruegos.

—Uvieta, si sos vos el culpable de esto,
te imploro que no me dejés bajarme.

Lo pensaré con la almohada. En esto se reduce la aflicción antes de dormir. Al parecer, ella da los consejos precisos para sacarnos de los aprietos que marean la cordura. Esperaría lo mismo de la mía, pero a la hora de contarle mis problemas, los ignora y me cuenta los suyos.

—No es nada fácil ser una almohada, empieza. Muchos creen que solo servimos para dar reposo. También nos cansamos de vez en cuando, a nadie le interesa. Padecemos de hastío cuando el tiempo se toma un tiempo para bostezar. A nadie le interesa. Nos agota que hundan sus cabezas en nosotras, descarguen sus lágrimas, lamentos o hasta mordiscos. Por si fuera poco, nos obligan a arreglar sus asuntos.

Mi almohada siempre amenaza con renunciar y pide vacaciones pagadas. En noches como esta, sin nada en especial que decir, debo dormir en el suelo. Las sábanas, cobija y colchón se unen a esta huelga hasta nuevo aviso.

Pidieron que les relatara alguna leyenda de donde provengo. Intenté recobrar las historias de todos mis tíos o al menos algún suceso con la mínima rareza que no pudiéramos explicar hasta el día siguiente.

No le pedí mucho a mi memoria, solo algo para evitar el silencio. Terminé por admitir que de donde vengo, los espíritus buenos o malos, monstruos, almas en pena o fantasmas, ya no nos visitan. Tienen su agenda repleta de otras tareas, familias que alimentar, metas, obligaciones que cumplir, como para perder su tiempo con nosotros. En su itinerario las fechas para asustar personas, pasaron a segundo plano. No necesitan hacer mucho, porque los humanos se asustan entre sí.

Decidieron cruzar fronteras, abandonar el lugar de donde provengo, y llevarse con ellos sus nombres, sus historias, el asombro de los niños. Dejaron lo mínimo para recordarlos: el rastro de sus migraciones hacia lugares donde se prueba suerte a diario.

Perdón, NO LO VUELVO A HACER. Repítase las veces que sea necesario. Esta estrategia se aprende durante la niñez para liberarse, a veces sin éxito, de golpes con chancleta, faja o de estrangulaciones sacalenguas que los padres aprenden en programas de televisión. Preocúpense por lo que ven los adultos sin la supervisión de un menor. Perdón por desviarme del tema, NO LO VUELVO A HACER.

Los niños crecen y varían las tácticas del libreto para esquivar problemas de magnitud 6, 7 u 8, según la escala de qué tan jodido fue. Entre más alto sea el nivel, más seguridad e ingenio debe mostrar el acusado. No basta con decir NO LO VUELVO A HACER por décima vez. Se necesita un mínimo conocimiento de artes dramáticas, o en efecto ver de un tirón dos temporadas seguidas de una serie sin gracia, sin entender por qué se hizo tan adictiva. Uno mismo se convence de que cada capítulo será el último, pero se termina por ver otro y otro.

—¡Qué barbaridad!— diría mi madre, pero ella también cae en la tentación de más y más capítulos. Perdón por desviarme del tema, de nuevo. Ya NO LO VUELVO A HACER.

He usado otros nombres. Me he puesto vestidos largos y cortos, zapatos de vestir y todo tipo de ropa sin saber cómo lucirlas. Claro, no me ayuda a conocer al prójimo. Solo transmito sus historias desde sus propios hilos de nylon.

Preguntan por mi oficio; me encargo de traerles mensajes y transformarme en cada emisor. Tanto que no sé formular mis mensajes. No sé decir te amo sin ser alguien más.

No tengo hambre, si alguien más no la tiene. Si come, yo como.

Me animo en intercambios de verbos familiares. Como de costumbre, pronuncio el caos con tono, palabras tajantes. Y antes de dormir, ruego perdón por lo que dije en esas conversaciones. Vuelvo a mi oficio de emisario a ponerme:

bralette,
SI QUIEN ENVÍA EL MENSAJE LO TIENE;
reloj,
SI QUIEN ENVÍA EL MENSAJE LO TIENE;
hoyos de clavos en las manos,
SI QUIEN ENVÍA EL MENSAJE LO TIENE;
pasamontañas,
SI QUIEN ENVÍA EL MENSAJE LO TIENE;

No sé hacerlo de otra forma.

II

A esta mala lengua otras se le unen,
hablan sobre ellas mismas.
Sueñan con comerse apellido tras apellido.
Todavía no es hora.

Agarramos las monedas, las metemos en el bolsillo izquierdo sin molestarnos en recordar el agujero que tiene. Como es de esperar, caen, resbalan por la pierna sin que nos enteremos. Aterrizan en la acera y aguardan a que algún buen samaritano las recoja para volver a sentirse importantes, para tener, de nuevo, el calor que da la necesidad del pago.

Media hora después de este incidente, percatamos que perdimos el pasaje del bus, así que otra vez nos tocará caminar hasta casa. En el trayecto, nos aturden ladridos de los perros callejeros, cada vez más cercanos hasta que, irremediablemente, les devolvemos los ladridos. Ladramos, es cierto, y los perros se van. Pensamos:

—Vaya, ¿estos son nuestros mejores amigos? Ayer nos movían la cola y hoy no nos reconocen.

—¿Qué habrá pasado? Tal vez no les gustó que cambiáramos de perfume.

En ningún momento pensamos que tal vez estos perros también tuvieron un mal día. Les ladramos y nada más.

—Estos humanos, se supone que son nuestros mejores amigos.—Lo más seguro, eso dicen cuando los espantamos.

De niños, muchos tuvimos amigos imaginarios. No sé si les ocurre igual, me avergüenza no recordar por completo al mío. Esto provoca la culpa que se presenta en ese instante en que no se duerme, pero no se está despierto del todo. Ese estado donde se le busca una excusa a cada motivo de culpa para disfrutar un rato más del colchón.

Los supersticiosos de mi familia aseguran que mi amigo imaginario, fue el alma de algún pequeño que no supo llegar al otro lado. Estos niños extraviados, por lo general, acompañan a otros niños mientras la inocencia ronda sus quehaceres.

Espero que mi amigo no me guarde rencor por no recordarlo o por algún malentendido de infantes, según cuentan, resolverlos toma casi toda una vida.

Aunque tal vez, él ya olvidó a su niño, y se sienta culpable cuando los amigos imaginarios o fantasmas (no sabría decirlo a ciencia cierta) se reúnen para recordar a sus amigos reales. Eso pienso para burlar mi cargo de conciencia.

Sobre el mueble del cuarto:

televisor,
consola de videojuegos.
Tres hijos,
dos controles conectados.
Uno más que simula estarlo.
¿qué podría salir mal?
Plan infalible.

El más pequeño de los tres,
cree que participa,
que forma parte de la batalla entre dos entes.

Hermanos mayores pulsan
los botones correctos
para llevar sus vidas ficticias al límite.

El menor,
con sus dedos desubicados en los botones,
causa una tempestad.
Los dientes de arriba empujan
a los de abajo y viceversa
para evitar que se agote
el tiempo de jugar.

El enojo y la discordia aparecen
entre el primogénito y el segundo.

Ningún ego soporta perder.
La rivalidad entre hermanos
se encuentra en cualquier esquina,
desde tiempo inmemorial.

El último hijo
no tiene idea de qué ocurre.
Siente la victoria
en sus inexpertas manos,
hasta que, sin explicación alguna,
su cerebro procesa
que en realidad no jugó,
que su control no fue más que el
          placebo de entretenimiento,
Descubre el engaño de sus hermanos,
mentes siniestras presupuestando
un par de años más para ser desenmascarados.
Rompe a llorar.
Jura vengarse en un futuro,
aunque sea escribiendo sobre este crimen.
Jura divulgarlo,
exhibir tal injusticia.

Esto es el almuerzo de nosotros,
quienes preferimos perder el tiempo,
a veces sin querer.

Nos sentamos con los cubiertos en posición de
        ataque
para comernos los días del calendario,
        sin que se den cuenta,
        sin darnos cuenta
de cuántos terminamos por comer.
Podemos digerir meses completos con un vaso
        de agua
en unos cuantos minutos gastados
        en recordar y recordar sin límite.

Cuesta trabajo aceptar que perdimos el gusto
por dejar la salud tirada bajo el aguacero de las
        3 p.m.
A veces, da pena que nos baste con escribir
sobre cuando debíamos patalear en los charcos.
Solo eso nos queda.

III

Crecen,

crecen,
pero no están preparadas,

                no lo suficiente.

Hablan sobre otros
                sin especificar,
        sin traer a colación
                nombres,
                ni apellidos,
        sin importarles que las culpen
                siempre a ellas con el

DICEN LAS MALAS LENGUAS.

A los nostálgicos

      no hay quien los calle.

Abren la boca,

ofrecen un poco de   su angustia

      al más cercano.

Ruegan por ese minuto

en que a   sus desgracias,

      por fin,

      las reciben oídos ajenos.

Si no hay nadie alrededor,

      hablan consigo.

Su voz no se contiene

      dentro de sus sienes.

No soportan llegar

      al final de una novela.

Guardan libros

      sin terminar.

No les enseñaron

        a despedirse.

Muchos, al darse cuenta de que cantan tan
bien, terminan desconsolados en un (perdonen
el lugar común) mar de lágrimas.

Debemos admitir que no solo algunos cantan-
tes lloran al escucharse.

Pianistas, violinistas, flautistas

terminan llorando y transmitiendo este estado
al público, a los que llamo nostálgicos pasivos o
antojadizos.
Los enojones son otra variante de nostálgicos.
No soportan esa idea
de que todo tiempo pasado fue mejor.
Optan por las rabietas a discreción para
            controlarse.
Tienen la capacidad de combinar malas pala-
bras
con palabras tiernas que dan como producto
una grosería de catálogo.
Les daría un ejemplo, pero no parece
            el momento adecuado.

¿Cómo olvidar a los nostálgicos extremistas?
Siempre con tiquetes para disfrutar lo trágico.
Acosan a la muerte, tanto que a veces ella
se aleja de ellos por el bien de ambos.
Los nostálgicos, de vez en cuando,
sin ninguna razón aparente,
sienten culpa al divertirse y solo esto los
deja en silencio.

El ángel se precipitó a tierra, exactamente igual
que el satélite ruso que espiaba los movimientos
en el mar de la X Flota norteamericana.
CRISTINA PERI ROSSI

Al principio, era uno que otro,
      de vez en cuando.
Muchos no creían en los cuentos
      sobre LAS CAÍDAS DE ÁNGELES.
No me refiero a la de Lucifer
      o como quieran llamarlo,
sino que allá arriba ya no tienen espacio
para tantos de estos celestiales,
además de la hipoteca del paraíso
      que ni Dios sabe cómo cubrir.
Ya saben, los bancos no perdonan.
Así que muchos optan
por dejarse

      C
       A
        E
         R   hacia acá,

                    a
                    b
                    a
                    j
                    o.

No se preocupan en calcular el aterrizaje.

C
 A
  E
   N
y listo.

Nosotros somos los que tenemos que arreglar
            el techo
cada semana.
Cuando menos se espera,
            suena otro
y de nuevo las latas de zinc ceden.

Ya no se puede ver televisión
con la tranquilidad de postergar todo,
                              como antes.
Cada momento en el sillón nos la pasamos
con el terror de que otro ángel produzca
            una nueva gotera.

Ellos bajan en busca de mejores oportunidades.
Al principio, cuando era uno que otro, fueron
            venerados,
se esperaban milagros
que hablaran de la divinidad
y otras cuestiones que los sacerdotes
se sacaban de la manga.

Poco a poco, la moda de los ángeles pasó.
Altos, raquíticos, con alas, por supuesto,
y aparte de eso nada en especial.
Pasado el tiempo,
cualquiera se acostumbra a los
                              altos,
                         raquíticos,
              con alas, por supuesto,
     y aparte de eso nada en especial.

Aquí,
no consiguen trabajo,
ni un espacio
                    donde vivir sus eternidades.
No les queda más remedio que alojarse
                         debajo de los puentes.

No se extrañen
        ni hagan mala cara
si alguno de estos días,
uno de ellos se acerca a pedir
                    una moneda.

Trasladan dentro de sus bocas murmuraciones
que inflan mejillas, carcomen dientes. Por fuera,
la respectiva señal en sus caras de cuidado mate-
rial inflamable. Por dentro, un debate de cuál
frase introductoria de chismes se acopla mejor:

> *¿Supieron que mengano...?*
> *¿Se acuerdan del hijo de la vecina?*
> *No me lo van a creer, pero figúrense que...*

Corren para pasarlo al primero que tenga la des-
dicha de prestar su oído para alojar este supuesto
secreto. Mantenerlo sin divulgar pone en peli-
gro al portador: calienta el cuerpo, hierve los
sentidos. La lengua lo transmite por inercia o
compasión por sí misma. No le causa problema
alguno que luego la llamen MALA LENGUA.

Presiente que un CHISME sin divulgar
es bomba con los minutos contados y nadie sabe
qué hacer con ellas. Supone que mejor afuera
que adentro, así lo aprendió. Así funciona este
pretexto para que las murmuraciones se extien-
dan en incendios.

Dentro del tablero, los días pasan en revancha tras revancha. Juegan al aire libre para presumir el ingenio de sus combates. A decir verdad, lo hacen así para evitar agarrarse del cuello. Amistades de 50 años se convierten en rivalidades que sacan lo peor de sí.

Cada movimiento busca impactar la vulnerabilidad del oponente. Nadie habla. Y si lo hacen, es para esconder la rabia de enfrentarse a una derrota inminente.

Antes de terminar la partida, nunca falta el alardeo del ganador y la cabeza a la deriva del rival.

La miseria de la derrota dura lo que se tarda en acomodar las fichas para comenzar de nuevo y continuar de revancha en revancha.

En las aceras con la incomodidad del lunes, todos dicen algo, quieren callar y terminan por gritar lo que comieron hace diez minutos. Otro tiene tanto que decir que termina conversando con un poste de luz:

> —¿Qué tal? Me acaban de despedir y siento que se aproxima mi segundo aire. De casualidad, ¿sabe de alguien que me pueda contratar?

Todos dicen algo, señas obscenas sobran, las reparten los domingos antes de irse a dormir. Alcanzan para toda la semana. Nos empujan a decirlo todo, desde desayuné una galleta a comentar tantos crímenes que, si se guardan, se convierten en rocas en el bolso.

Por eso, las pedradas nunca faltan. Nadie escucha, en realidad no importa, porque la concentración se utiliza para pensar en qué será lo próximo que diré.

En la habitación **43,** un músico sigue indignado por la desidia en los aplausos que recibió. Prefiere uno solo, así parece menos fingido. Quizá, mejor no le aplaudieran. ¿Cuál postura debería tener el público? Se pregunta desde el fondo de su estómago debilitado por la exposición a nervios constantes.

En la 44 el ambiente comienza a agitarse, unas cuantas ratas planean un contraataque por todas las trampas y venenos sufridos.

La habitación 45 ya ha soportado semanas en un solo enfrentamiento entre blancas y negras. Hasta el momento, las únicas bajas son unos cuantos peones y tal vez los jugadores sean las siguientes bajas si siguen olvidando alimentarse.

Al fondo, el cuarto 46 espera, como de costumbre, a que termine de husmear los otros dormitorios.

Se sientan en sus mecedoras para observar las hileras de héroes con las rodillas y tobillos jubilados, con memorias reconstruidas para provocarse culpa, con los hombros deseosos por arrastrarse.
Los observan desde sus mecedoras
        por la necesidad
de tenerles lástima y seguir sin mover un solo
        dedo por ellos.
La compasión por los demás les recuerda lo bien
        que viven.
No es de extrañarse que busquen sentir pena
por alguien más de lunes a lunes.
Cada fin de mes un nuevo héroe se une a
        la hilera.
Las multitudes necesitan ser salvadas,
no viven de buenas intenciones
y eso se lo hacen saber a esos héroes con tantos
        malos días
que sus entradas triunfales pierden sentido.

Así, desde sus mecedoras,
les pagan el servicio dado.

Qué difícil la rutina del asistente del protagonista; le corresponde tomar cicuta en cada viaje y sobrevivir, mientras el personaje principal toma una que otra cerveza para relajarse y elaborar planes insensatos deliberadamente, para que los del protagonista parezcan repletos de sabiduría.

En largos viajes, debe cumplir su rol de bufón e inventar chistes, si el protagonista se entera de algún plagio, la vida de nuestro ayudante corre grave peligro.

Según la regla no·1 del *Manual de asistentes de protagonistas*, el ayudante jamás debe intentar salvar la vida de una persona, gato o lora de abuela. Su misión se limita a notificarle la situación al protagonista y esperar que este haga bien su trabajo, por lo que debe alcanzarle lo que necesite; ya sea una lanza, un martillo o una banderita blanca.

Ningún ayudante se queja, aunque no conocen la gloria, y siempre son culpables sin estar al menos enterados de lo que sucede.

Ninguno se queja, y todavía ninguno ha querido decir por qué.

Circulan crónicas
      sobre las pertenencias perdidas
de quienes nunca logran
completar alguna tarea sin distraerse.
El reloj del bisabuelo que soportó 3 cambios de
      batería
y 3 cambios de muñeca,
ahora espera afuera en algún rincón con olor a
      amoniaco.
Resiste con orgullo la oxidación,
sabe que le queda poco tiempo,
cada movimiento de la manecilla se dificulta,
le duele como no se imaginan.

Quedaron olvidadas en algún asiento,
las manías que aprendimos de nuestros padres,
aunque ellos culpen al televisor.
Hemos olvidado años a propósito,
nadie se atreva a hablar sobre eso.

Perdimos nuestras mentiras,
pertenencias que se utilizan por cierto tiempo,
cumplen su objetivo y terminan olvidadas.
Ellas una vez perdidas, buscan su boca, donde
pertenecen,
prueban en una, en otra.
Lo más seguro es que jamás encuentren la boca
      que las invocó.

Por si alguna eventualidad las necesitamos de
        vuelta,
podemos hurgar en cada gaveta de la memoria,
sin dar con la mentira.
Cuando más la necesitemos no aparecerá,
ella andará perdida en otras lenguas,
mientras nosotros caeremos descubiertos.

Las cosas deciden perderse, escapar de noso-
tros.
A veces en el peor momento.
Nadie da con el paradero del único extintor
cuando el incendio se atraganta de posesiones.

Las llaves desaparecieron del bolsillo izquierdo
del pantalón,
sin dejar alguna nota;
y la casa no nos deja entrar ni por las ventanas.

Otras posesiones
insisten en morir unidas a su propietario.
La ropa interior de la suerte,
        llaveros casi fosilizados,
por ejemplo.

Tampoco, nadie es capaz de quitarse de
        encima,
cada arrepentimiento.

Como fantasma de película de terror,
seguirán nuestros, fieles.
Podemos cambiar de dirección, dejar atrás
       ciudades
ellos se mantendrán solapados en nosotros,
atentos para hacernos su presa.

Dicen LAS MALAS LENGUAS
que algunos sufren
la capacidad de presentir
cuando es tiempo
    de entregar

       los sentidos,
        el aliento,
      las pulsaciones
para despedirse de los cercanos.

Se levantan de cama y algo les dice:

  Es hora.

A veces,   el presentimiento falla.

  Para nada me puse mi mejor ropa.

Reniegan,   siguen con sus vidas
  atentas a la menor de las señales.

Creo que es un ángel -repitió el primer observador, que se sentía
dueño de la primicia.
CRISTINA PERI ROSSI

Continúan los avistamientos
de caídas de ángeles desorbitados.

¡Vaya inconveniente el salir de casa!
Quedo tumbado en el piso
con uno de ellos encima.

OTRO ÁNGEL HA CAÍDO. Según informes, embargaron el paraíso por incumplimiento de pagos. Ni Dios pudo salvarse de la ira de los bancarios. Así que estos seres siguen cayendo por estos rumbos para probar suerte.

De los últimos ángeles que aterrizaron, no se habla mucho, ya ni tienen alas. Bajan con sus rostros invadidos por el hambre que se nota en nuestros propios gestos, nada nuevo. Tratan de explicarnos por qué ya no poseen alas. A nadie le importa.

Hasta ahora, han descendido alrededor de 4500 de ellos. Algunos intentan adaptarse a nuestra vida. Otros se quedan tranquilos con refugiarse y ser explotados por las cámaras de algunos pocos. La mayoría intenta aprender lo que llamamos suicidio y todavía no encuentra la manera.

Los lunes, centenares de ellos hacen fila para tirarse de puentes. Esta imagen no es más que un mal chiste para el ojo espectador humano, pues ellos cargan la inmortalidad con la misma lástima con que nosotros cargamos la mortalidad.

IV

El proceso de maduración de las
                                    MALAS LENGUAS
                                    se completa.
                                    Ya están listas.

Los APELLIDOS
se les escaparán a sus propietarios,
Ellas los degustarán.

Una mala lengua
                    menciona el NOMBRE DE PILA,
                    solo de ser estrictamente necesario.
La elegancia de transmitir RUMORES
consiste en que no salgan NOMBRES a colación.
Con el apellido,
                    basta y sobra en muchos casos.

Con referirnos a sus apellidos, SOBRENOMBRES
y algunos nombres de pila
se sabe que ha comenzado
          LA TEMPORADA DE MALAS LENGUAS.

Pausa Comercial

¿Anda en busca de diálogos heroicos?

¿Tienes que regañar a tu hijo
                    y no tienes ideas nuevas?

Ven ya a
            TE DECIMOS QUÉ DECIR,
donde ofrecemos las mismas palabras
        de Aquiles,
        de Martí
        o hasta de Batman.
                    El tono se vende por separado.

También tenemos a mitad de precio
        PALABRAS SUELTAS
                        para aceptar derrotas,
        CHISMES caducados,
                MAULLIDOS,
                LADRIDOS.
Ahora es posible
pasar toda la noche ladrándole al vecino
lo que nadie se atreve a decirle,
o dirigir ladridos a la nada,
como cualquier perro que se respete.

Por la compra de UNA EXCUSA,
llévese gratis DOS INSULTOS para estadio
¡Oyó bien, dos insultos PARA ESTADIO!
¡Aproveche ya,
es por tiempo limitado!

¡Ven a la clase de baile con el zopilote!

> Con el zopilote tenés que bailar
> Un pasito pa lante y un pasito pa atrás
> Antes de que la muerte venga a buscar
> SONÁMBULO PSICOTROPICAL

Tarde o temprano, el zopilote nos sacará a bailar. Nos pondrá el ala en la cintura y guiará nuestros pasos. Escarbará profundo en la basura que escondimos con el cuidado del desove. Más temprano que tarde, el zopilote nos dará giros. Encontrará uno por uno los pecados con los que manchamos huesos y carnes de terceros. Pecados que intentamos disolver con perdón de rodillas, manos juntas y un poco de aguarrás. El problema es que el zopilote no vende la disculpa tan barata.

En medio baile seguirá hurgando nuestras bolsas para jardín cubiertas del olor saca lágrimas. No se confíen, el zopilote también inspeccionará nuestro swing en la pista, por lo que bienaventurado todo aquel que desafió la gravedad y el pudor al patalear al son del güiro.

No maldigan la hora del baile. Si desayunaron varilla de construcción, como decía mi tía, no se queden inmóviles. *Por estático te vomitará mi pico.* Palabra de Zopilote todopoderoso.

Quedan advertidos, sacudan, por lo menos, el cuello en toda dirección posible. Sepan que tarde o temprano sus alas de carroña nos sacarán a bailar.

¿Cansados ya de preguntarse de qué están
hechos, sin tener la mínima noción
de lo escondido en las clases de ciencia?

PRUEBE CON EL NUEVO

INSERTE NOMBRE GENÉRICO
(disponible en supermercados
y tiendas pronto en bancarrota).

¡Y con su gasto,
obtenga gratis
folletos   aleatorios
como sea capaz de meterse
en los bolsillos!

*Aplican restricciones.

Apellidos,

apodos y nombres

en la multitud

**Tomás madruga sin perderse
la hora de maldecir.**

3:15 a.m.

—*Maldición ¿Qué hice para merecer esto?*

Tampoco se culpa por otros pensamientos en censura por su contenido 3 pasos dentro de lo inapropiado.

—*No ofendo a nadie con esto dentro de mi cabeza.*

Antes de irse, da vueltas por la habitación, al tiempo en que repite su mantra, hecho por él, pensado para él.

Creo en mis huellas, dudo del resto.
Creo en mis huellas, dudo del resto.
Creo en mis huellas, dudo del resto.

No tiene más creencias para lucirles a los desconocidos, ni para defenderse de los conocidos. Le cuesta trabajo creer en lo que toca y en lo que ve. Las MALAS LENGUAS dicen por ahí que se le apareció el hijo de Dios o un impostor muy parecido y con paciencia de sobra.

Repito, dicen las MALAS LENGUAS, no me reprochen. Me limito a cumplir mi trabajo de mensajero. Muchos le preguntan si esto en verdad le ocurrió y siempre da la misma respuesta.

—*Acepto que alguien se me apareció con ese discurso. Necio, lo encaré. Dijo: Sígueme. Algo que no hice porque ya estaba cansado de cargar el día en mi nuca, como para entrar en esos juegos. Si fuera verdad, escogió un mal día para venir.*

Muchos andan tras Tomás con la intención de aprender a dudar, aunque sea un poco.

¿Conocen a Céspedes? Esa persona de allá con adicción a los chistes malos.

> *No hay reto más grande que contar un chiste, por más malo que sea, y que alguien, sonría por inercia o si acaso, por lástima.*

Así, exprime sus días en las calles solicitando chistes a las personas.eCuando, al menos, consigue uno, se ve en el espejo y se lo cuenta a sí mismo.

> *¿Por qué las monjas no usan sandalias?*
> *Porque son más de...v(b)otas.*

Se lo cuenta hasta incapacitarse de tanta risa. Después, se lo guarda en algún gavetero neuronal.

> *Para alguna emergencia,* se dice.

Ya lleva 174 años viviendo. Cada vez que algún mal le ataca, se cuenta un chiste. No porque quiera, sino por costumbre. ¿Quién diría que un mal chiste bien contado puede salvar la vida?

Muchos vienen donde Céspedes guiados por la idea de la vida eterna. Les advierte que no todos soportan la divinidad del humor. La mayoría se arriesga, lo escuchan y pasan meses sin detener las carcajadas. Tanto que literalmente, mueren de risa.

Todavía no deciden si enjuiciarlo por estos crímenes tan crueles. Céspedes se defiende con estas palabras.

Yo se los advierto. Muchos nos dejamos llevar por la avaricia de amontonar años, otros prefieren morir de risa que de otro mal.

Nos ubicamos fuera del negocio de venta de futuros de la familia Campos. Apenas sale un cliente, se coloca de nuevo en la fila. Nunca se acaba. No tiene descanso, entra el comprador, Campos saca un catálogo, le muestra los futuros disponibles con desenlaces que se ajustan según la desesperación del cliente.

La mayoría desea futuros cargados de famas que duran una semana como máximo. Unos cuantos se conforman con un futuro digno de contar a sus nietos.

Campos nos da lo que queremos, siempre con la disposición de vendernos futuros diferentes todos los días. Si nos arrepentimos del futuro que compramos ¡qué más da!, es su trabajo y cobra bien.

Solo se niega a vender pasados, por más que le supliquen. No porque no pueda, sino porque lo considera una pérdida de tiempo. Cada quién puede inventarse su propio pasado. Clientes le ruegan que les venda un pasado para quitarse alguna culpa.

Campos les ofrece un descuento en un futuro próximo y con eso los compradores se conforman.

LOS DESCUENTOS SANAN CULPAS.

Día 1: Los pescadores volvieron a sus hogares con la noticia de que en esas aguas ya no se encontrarían más peces. Tatán escupió algunas frases incomprensibles. No podía creerlo, algo se lo impedía.

Son unos vagos,
yo mismo volveré con tantos que…

No terminó la frase, solo se marchó.

Día 2555: Continúa mar adentro en su lancha y con el clima que quiera acompañarlo. Lo normal es sobrevivir sin saber para qué, sin tener idea de dónde terminan las manos o se extiende entre sus dedos la caña de pescar y el carrete.

De vez en cuando quiere volver. ¿Qué le mantendrá ahí?, mar adentro. Marcharse, parecía una gran decisión, ahora que no puede recordarla; no puede regresar.

Seguramente, fue algo ejemplar,
no puedo volver y decepcionarlos,

se dice para esconder la nostalgia bajo sábanas de terquedad.

Cada 3 de marzo sus hijos van a la orilla del mar. Cuando le ven, intentan recordar por qué no vuelve, suelen decirse con la distracción en sus bocas abiertas,

Por alguna tontería.

Nadie duerme. Son las dos de la mañana, Manuel carga 77 años y sus piernas no soportan ni una hora más. Como gato, desea esconderse de sus hijos, esposa y mascotas. Clama su cuerpo,

¡Qué no me vean morir!

Él les suplica a todos a su alrededor,

−Por favor, ¡cierren los párpados!

−Déjense devorar por la somnolencia.

Déjenme irme de acá a solas.

Vilma crio poetas y se echó a dormir. Les enseñó a mentir, a disfrazar mensajes. Con ella aprendieron a vigilar a los transeúntes hasta que dejaran de sentirse propios, para ser propiedad del poeta. Les decía Vilma, en parte regaño y con cierto cariño de madre:

—Tienen que apropiarse de cuanta cosa se encuentren.

Los educó para que tuvieran confianza entre sí, y ya ven, por las noches todos sus poetas duermen con un ojo entreabierto. Saben acerca de la terrible idea de confiar en otros iguales a ellos. Cuando, por fin, Vilma se percató de esto pareció ahogarse en carcajadas más peligrosas que una soga atada al cuello.

Antes de que sus poetas se fueran de casa, a Vilma ya le costaba trabajo reconocerlos, por lo que ellos no tomaron la decisión de irse; ella los echó a patadas.

Para nadie es un secreto que las fobias dan su-
perpoderes, según algunos optimistas. Parker
aprendió a caminar por las paredes, debido al pá-
nico de caminar por el suelo. No se sabe qué
generó este pavor, pero vaya, da lástima. En
cuanto sus pies tocan el suelo, suda en gotas di-
minutas su conciencia, pierde el equilibrio, cae y
se golpea la frente contra lo que primero que
tenga la bondad de interponerse en su camino
hacia el piso. Camina por las paredes, se sienta
en las paredes, toma café en las paredes, duerme
en las paredes. Algunas noches, lo ataca la pesa-
dilla de encontrarse en un espacio abierto con
personas divirtiéndose en la tortura de andar por
el suelo. Despierta y se aferra aún más a su pa-
red.

A Buenaventura le aburre su buena suerte,

tanto que ya no compra lotería. No existe gracia alguna si se gana en todo momento. Se necesita la emoción de perder, para dar gracias por no ser dioses.

Toda apuesta la gana, sus días son buenos siempre. Pobre infeliz. Si llueve y no tiene sombrilla, encuentra una tirada en la calle y si no la recoge, encuentra a un amigo que le quita la oportunidad de mojarse. Intenta por todos los medios posibles tener un poco de mala suerte. Quiebra un espejo cada 13 horas. Se asegura de que al salir de casa logre ver al gato negro de la vecina.

Los que conocemos a Buenaventura sabemos cuánto le apena que su cotidianidad no tenga tiempo para caerse por las escaleras. Lamentamos que tenga que conformarse con que su mala suerte, sea tener tanta buena suerte.

Iscariote sabe sobre días malos. Camina 38 kilómetros traicionando a quienes se encuentra y saluda con la decrepitud de un beso en la mejilla, no podría ser de otra forma. Al final de la jornada, abre la puerta de su casa sin notar que deja un par de nervios en el llavín.

Se recuesta en el sillón, no cree lo que hizo este día, ni ayer ni antier. Sus manos se enredan en su cuello, pero no, esta tarde tampoco. Por un momento, ahí sentado se deja confundir con chatarra.

Cuando vuelve en sí, busca una solución en esos libros de autoayuda que le demarcan más la frente y le hacen perder 3 kilogramos.

Ayuda, ya no quiero traicionar a nadie.

A veces reza, otras, repite los 5 pasos para ser feliz que encontró en una revista con descuento en el supermercado. Los repite hasta creer que duerme, sin sueños buenos o pesadillas. Esto, le cansa aún más.

Parece que me dormí hace un minuto.

Abandona la casa sin desayunar. Comienza a seguir rutas sin querer, comienzan sus fraudes.

Reclama con esos aullidos que se encuentran
en el arrepentimiento.

¿Por qué me siguen dando confianza?

Los malos días saben sobre Iscariote.

Tu tiempo es ahora una mariposa
Navecita blanca, delgada, nerviosa.
SILVIO RODRÍGUEZ

Últimas acompañantes

al agotar las pulsaciones del cuerpo
durante la conclusión de nuestra estancia
entre los vivos.
Pequeñas parcas
con antenas vibrantes
alas en vuelo espiral,
rodearon a Mauricio Babilonia.

Ya, desde antes, conocían bien
        su humor,
        sus hábitos.

Bailaban alrededor de Mauricio.
¡Pobre, él nunca tuvo ritmo
ni para mover la cabeza con un buen son!
Las sorprendió, pudo mover los PIES.
Al contrario de lo que pensaban, no tropezó.
Sus brazos aprendieron a flotar,
sus ojos perdieron el color al paso de un bolero
que calmaría al niño hiperactivo y caótico
        de la vecina.

Nada se escucha,
las mariposas amarillas
oprimen sus sentidos.
No se necesita una moneda
para pagar el acceso a una barca
                              vieja,
                              lenta,
para llegar al otro lado.

El conductor no da buena espina,
su edad avanzada no le permite guiar su barca
            por los caminos del fin.
Ya nadie prefiere viajar al más allá con él.
Este servicio no se adaptó a
            los fallecidos actuales,
            los apresurados después de muertos.
El arrepentimiento tampoco
parece un buen servicio para
            el descanso eterno.
La mayoría se aferra a los pecados
            como única posesión,
            como única muestra de que alguna vez
                              vivieron.
Prefieren el servicio más usado:
            desaparecer rodeado de mariposas
                              amarillas,
                              blancas
            o del color que se elija;

desaparecer con el baileteo
                    alrededor del vientre,
sin despedirse de la sombra
          ni de la sed
que nos acompañaron en cada día de sol.
                    Dejan nuestro tiempo
                         en sus alas.

Los presentes deben saber acerca de los juicios internos. La conciencia culpa, se justifican actos cotidianos para conciliar el sueño.

Meneses supo con certeza que ese día no sería como el resto. Salió de casa y presenció un crimen. Alrededor de 100 hormigas devoraban viva a una lombriz que perdió de rumbo la tierra hasta quedar en el concreto. Se encomendó a todos sus santos e intentó detener el sufrimiento de la extraviada con su zapato derecho.

Por la tarde, un ataque de culpa la derribó. Su conciencia se encargó de recordarle lo que hizo en la mañana.

Mataste a casi 90 hormigas,
les quitaste su alimento.

Ella se justificó:

Quise darle la compasión
de una muerte instantánea.

La culpa giraba en su entorno. No volvió a apartarse de ella. Esperaba el momento preciso para atacar. Cuando estaba a punto de quedarse dormida una voz le reclamó,

Mataste a casi 90 hormigas,
les quitaste su alimento.

Jesús cortó sus líneas telefónicas del perdón.
Se hartó de pasar todo el día
atendiendo el teléfono para decir:

>*Hermano, en mi nombre,*
>>*yo te perdono.*
>
>*Ya no soy capaz.*
>*Ya no puedo tomar tus pecados*
>*para que ellos sigan como si nada.*
>*Renuncio.*

Los que llamaban, le contaban sus pecados con el tono de voz que se utiliza usualmente para comentar las compras del fin de semana. Luego de comentar las atrocidades que cometían esperaban con toda tranquilidad el perdón.

>*Ya no soy capaz.*

Salió de su oficina y para su sorpresa, nadie lo reconoció. Su rostro ya no se parecía el colgado en la sala de la abuela. Su cabello comenzaba a caerse sin darse cuenta. Se arrancó la barba por partes. Los ojos nunca fueron verdes, ¿a quién se le habrá ocurrido semejante tontería?

>Su nombre anda en boca de todos
desde hace algún tiempo ya.

Le piden a Ernesto que escriba otras cosas, cosas relevantes, cosas trascendentales, en fin, cosas.

Tiene 57 años, y 47 de escribir lo vivido en sus zapatos. Sale de casa y su mini ciudad le ofrece una mini presa, producto de un pleito de dos hombres sin camisa.

Ya nuestro escritor perdió la capacidad para escuchar los motores de los vehículos del día a día. A decir verdad, decidió cederles sus oídos a las voces ambulantes con frases al azar:

A 500 colones el kilo de tomate, ¿por qué?

Porque así es la vida.

¿Cómo escribir algo más que no sea esto? Ernesto nos confiesa que a veces quisiera escribir cosas tan importantes que nadie las entendiera. Ríe un poco como para obsequiarnos su tono de burla o para no llorar.

No nos queda del todo claro. De inmediato, rastrea dentro de sí las palabras exactas para irse en paz.

Muchachos, la única importancia que puedo transmitir es la de llamarme Ernesto.

Siempre sabe cómo despedirse sin un hasta pronto.

Carazo también sufre de coacción

para que detengan sus escritos sobre
AUTOBUSES:

> Rayones   en los asientos,
> firmas,
> dibujos pasados de tono,
> Restos de insectos kamikazes
>   en las ventanas
> convertidos en historias.

En ocasiones,

>   ¿por qué no?,

se propone a escribir sobre algo diferente,

>   trenes,

>   taxis,

>   algo.

¿TRENES?

> Él pertenece a uno de tantos pueblos donde solo quedan las vías, donde los niños juegan a hacer equilibrio, malabares y terminan con los codos ensangrentados.

¿TAXIS?

> El sueldo no alcanza para tal lujo.

> *¿A quién engaño?*
>   (pregunta que,
>   sin invitación,
>   se aloja en las cabezas).

¿BUSES?

Da un chasquido. Acepta que nunca podría abandonar sus historias sin trasladarse en ellos. No por melancólico, necio o por la necesidad de chismes para construirse sin falta las vidas de los demás.

Carazo no deja de escribir sobre lo mismo para no perder la costumbre de que nunca le aplaudan sus historias. Le da pánico enfrentarse al aplauso. De solo imaginarlo, pierde su nombre, su compostura, vuelve, entonces, a escribir para evitar cualquier elogio y rogar por la no aceptación.

También los **despertadores** se quedan dormidos. Esto nadie se lo contó a Esquivel. La alarma se hizo esperar un poco (una hora para ser exactos).

Acto seguido, Esquivel despidió al reloj contra la pared. 30 min después corre hacia su empleo. Choca contra algunos transeúntes. Unos sueltan sonrisas preparadas ayer en la noche para soportar el día. Alguno que otro maldice, lo normal.

De tanto estrellarse y ofrecer disculpas, Esquivel olvidó dónde trabaja. ¿Qué tan probable es que la memoria se agite a tal punto de vomitar recuerdos? ¿Por qué siempre se deshace de los más importantes? ¿Qué más da? Dejó de buscar su lugar de trabajo, se devolvió a su apartamento, entró, se acostó otra vez, e intentó perderse en la cobija.

Esquivel no volvió a comprar despertadores, la falta de confianza no se le perdona ni a los artefactos. Tampoco volvió a dormir por el miedo de no saber cómo despertarse por su propia cuenta.

Paola tiene atajos en su memoria.

Siempre la conducen

                    a un par de colmillos,

                              hocico abierto,

                    barriga abundante,

                              cola y patas.

PROBLEMA   estos atajos

juegan sucio.

Crean conflictos,

          tiroteos   de aflicción.

Le hacen creer que

                    por su culpa,

su compañero peludo

ya no recorre las gradas de su casa.

Ella decide no transitar por estos atajos.
Los bloquea con cinta amarilla de precaución.
Prefiere tomar el camino largo por su memoria
hasta llegar donde su compañero la espera con
un solo maullido que recoge toda la gratitud de
estar instalado en el lóbulo temporal del cerebro.

Un solo maullido que, aunque Paola no
hable gatuno, reconoce como los saludos de
sus hermanas, después de episodios cotidianos
de cada jornal.

Muy parecido estaba a uno de esos "tocadores de ocarina" que esculpieron sus antepasados. Sin moverse, pasmado, horas y horas en cuclillas
CARLOS SALAZAR HERRERA

Imagino que ya habrán visto individuos de cuclillas con algunas variaciones de esta pose, brazos cruzados para no cortar el equilibrio y las rodillas casi conectadas con el pecho. Uno de todos ellos es Cusuco, quien tiene ocupación de monolito de tiempo completo. No le interesan las monedas y aun así sobrevive.

Ha sido catalogado como un milagro de la nueva era. Pasa en la acera, sin poder contener la risa causada por la novedad de los insultos entre conductores. Desconoce por qué el rojo del semáforo se prolonga cada vez más. Supone que el verde ya debe de estar viejo y el amarillo sigue sin darse importancia.

Cusuco sí es capaz de enterarse, sin moverse del sitio, de las distintas historias que se crean sobre él; unas que se cuentan como si se tratara de algo prohibido; otras dignas del horario estelar en el canal de telenovelas.

Esto, en lugar de incomodarlo, le alimenta el estatus de personaje mítico y le da permiso a otros para llamarlo inmortal.

Como de costumbre, la anciana Matilde salió a hidratar sus helechos, aunque sus brazos desde la madrugada fallecieron sin previo aviso.

Al llegar y observar el verde cultivado, sus pulmones ya no se creían capaces de cumplir su jornada de siempre. Al poco tiempo los demás órganos colapsaron igual.

En lo que esto ocurría, la anciana ocultó su nombre, apellidos, apodos de la infancia y de abuela, en sus helechos. Se ocultó ella misma para perdurar, solo por la intriga del qué dirán una vez que la función de su cuerpo se redujera a la del abono.

Durante meses, escuchó, desde su jardín, todo tipo de historias sobre ella que jamás hubiera imaginado. Fue bruja para los niños del barrio, ingrata, generosa, inteligente, tonta, su nombre se dijo con odio y con cariño.

Su apellido se amalgamó con insultos y elogios. Escuchó leyendas urbanas de todo tipo en torno a su figura, siempre excusadas desde antes con un: dicen LAS MALAS LENGUAS. Su nombre se vocalizó tanto que prefirió concentrarse en su labor de helecho y esperar a que los rumores se olvidaran de traerla a colación.

Pronto pasaré de moda,

se dijo la anciana Matilde.

Jaurías callejeras (bonus track)

Para Moi

La calle desde sus ojos;
panorámicas en blanco y negro.
Huelen el agua acumulada en sus lomos.
Cruzan esquinas, una tras otra,
guiados por sus días de hambre.
Pasan el fuego a quien lo pide.
Atacan a uno y es atacar a todos.
Reparten sus sobras,
se pasan el contrabando.

Cuatro patas contra el pavimento esquivan
                    patadas humanas,
recuerdan
                    canciones de cuna de su madre,
ladran y ladran
                    lamentos,
aúllan y se vuelven
                    cadena.
Ladran a los vientos de las 2 de la mañana,
                    sus mantras,
                        interminables mantras.

Buscan   refugio,
se acercan a las risas
                        en rondas humeantes.
Buscan acercarse un poco   a los calzados.
No piden mucho,   algún escondite
cerca del bullicio
                    -milagro de las civilizaciones-,
algo un poco seguro
        donde relajar el cuello,
        donde mantener alertas las orejas.
Sale el sol.
Asoman su pelaje.
Comienza la jornada canina.
Patas contra el pavimento.
            Hambre contra la calle.
            Hambre contra la calle.

ACERCA DEL AUTOR

Manuel Umaña Campos (Turrialba, Costa Rica, 1997). Actualmente, estudia Bibliotecología en la Universidad Estatal a Distancia, Costa Rica (UNED). Ha participado en diversos talleres literarios en este país. Asimismo, ha sido publicado en la revista digital Íkaro, en la antología de poesía y microrrelato llamada Y2K compilada por la Editorial Estudiantil de la UCR, Revista Comelibros, en la antología Nueva Poesía Costarricense y en la antología de poesía joven de Costa Rica titulada Poesía en Tiempos de Pánico compilada por la revista méxicana Campos de Plumas. Fue mención honorífica en el Certamen Literario Brunca en la categoría de cuento en el año 2022, organizado por la Universidad Nacional de Costa Rica sede Regional Brunca.

ÍNDICE

Temporada de malas lenguas

El hábito de transmitir rumores

FIRE'S JOURNEY

TRÁNSITO DE FUEGO

Central American and Mexican
Poetry Collection
Homage to Eunice Odio (Costa Rica)

1

41 meses en pausa
Rebeca Bolaños Cubillo (Costa Rica)

2

La infancia es una película de culto
Dennis Ávila (Honduras)

3

Luces
Marianela Tortós Albán (Costa Rica)

4

La voz que duerme entre las piedras
Luis Esteban Rodríguez Romero (Costa Rica)

5

Solo
César Angulo Navarro (Costa Rica)

6

Échele miel
Cristopher Montero Corrales (Costa Rica)

7

La quinta esquina del cuadrilátero*
Paola Valverde (Costa Rica)

POETRY
COLLECTIONS

ADJOINING WALL
PARED CONTIGUA
Spaniard Poetry
Homage to María Victoria Atencia (Spain)

BARRACKS
CUARTEL
Poetry Awards
Homage to Clemencia Tariffa (Colombia)

CROSSING WATERS
CRUZANDO EL AGUA
Poetry in Translation (English to Spanish)
Homage to Sylvia Plath (United States)

DREAM EVE
VÍSPERA DEL SUEÑO
Hispanic American Poetry in USA
Homage to Aida Cartagena Portalatín (Dominican Republic)

FIRE'S JOURNEY
TRÁNSITO DE FUEGO
Central American and Mexican Poetry
Homage to Eunice Odio (Costa Rica)

INTO MY GARDEN
English Poetry
Homage to Emily Dickinson (United States)

I SURVIVE
SOBREVIVO
Social Poetry
Homage to Claribel Alegría (Nicaragua)

LIPS ON FIRE
LABIOS EN LLAMAS
Opera Prima
Homage to Lydia Dávila (Ecuador)

LIVE FIRE
VIVO FUEGO
Essential Ibero American Poetry
Homage to Concha Urquiza (Mexico)

FEVERISH MEMORY
MEMORIA DE LA FIEBRE
Feminist Poetry
Homage to Carilda Oliver Labra (Cuba)

REVERSE KINGDOM
REINO DEL REVÉS
Children's Poetry
Homage to María Elena Walsh (Argentina)

STONE OF MADNESS
PIEDRA DE LA LOCURA
Personal Anthologies
Homage to Julia de Burgos (Argentina)

TWENTY FURROWS
VEINTE SURCOS
Collective Works
Homage to Julia de Burgos (Puerto Rico)

OTHER
COLLECTIONS

Fiction
INCENDIARY
INCENDIARIO
Homage to Beatriz Guido (Argentina)

Children's Fiction
KNITTING THE ROUND
TEJER LA RONDA
Homage to Gabriela Mistral (Chile)

Drama
MOVING
MUDANZA
Homage to Elena Garro (Mexico)

Essay
SOUTH
SUR
Homage to Victoria Ocampo (Argentina)

Non-Fiction/Other Discourses
BREAK-UP
DESARTICULACIONES
Homage to Sylvia Molloy (Argentina)

. . . .

Para los que piensan, como Eunice Odio, que *no habrá, en estas líneas la longitud de una pupila sola,* este libro se terminó de imprimir en el mes de enero de 2024 en los Estados Unidos de América.

www.ingramcontent.com/pod-product-compliance
Lightning Source LLC
Chambersburg PA
CBHW031141090426
42738CB00008B/1171